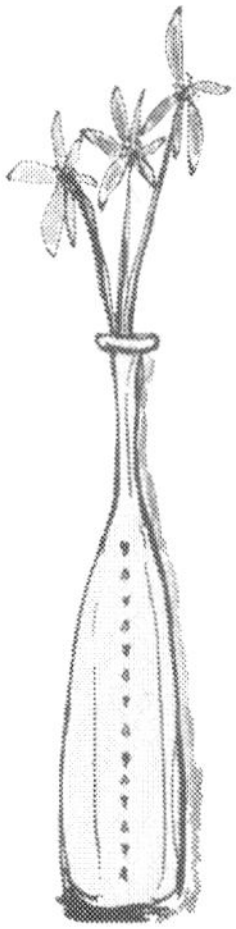

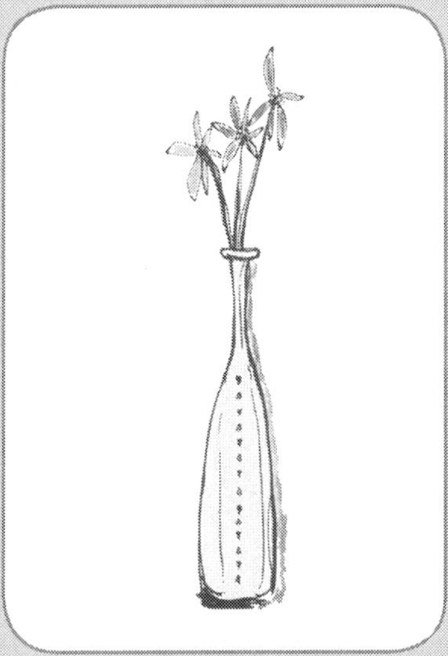

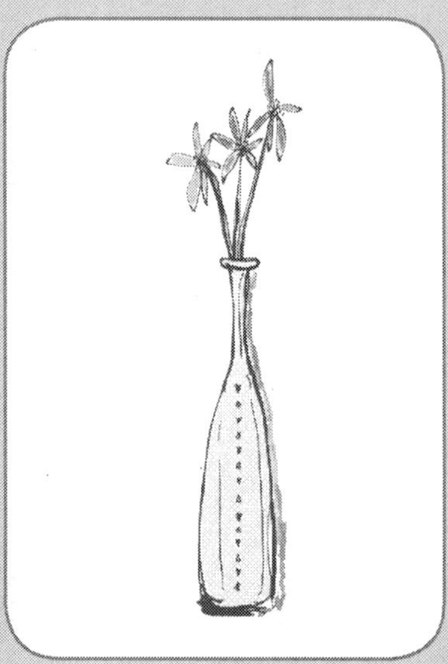

找一個不變的修行

改變命運，解脫煩惱

這是一本老少咸宜的著作
從日行一善的增長善根福德
到放鬆、休息就可以坐禪
再到禪宗所說的見性開悟
解脫煩惱，原來是這麼一回事
無盡妙義都在這本書裡面

慧廣法師 著

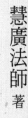

代序

如果，明天就是下一生
你會想什麼？
你會做什麼？

不要以為這是想像
不是的，這是事實
這樣的明天
一定會到來

你會想什麼？
你會做什麼？

你今天會怎樣過？
你還會漫無目的？
你還會不知死活？
人生沒有方向嗎？

你還會把人生
當作真實嗎？
你還會認為世間
是你的嗎？

你會不會想

有什麼可以帶到
下一生去？
讓自己比較好過
還是
今朝有酒今朝醉
不管下一生好壞？

人，生了之後
就開始走向死亡
開始了之後
就一定會結束
當無常來臨
你還會驕傲嗎？
你還能偉大嗎？

目次

故事這樣開始

找一個不變的修行

人世間一切都變化無常，修行又何能例外？不禁要問：有沒有一個修行是不變的？馬上對自己有益，對他人也有益？才不會讓人覺得，談到修行，只是自利，對自己有益而已，無益於世道人間。

可是，這樣想
馬上就會感覺到矛盾
行、行為、身口意行為
就是會變的，才叫做行
要怎能不變呢？

比方：

坐禪、行禪、唸佛、觀照
身心上，每次都會不一樣
有時好、有時不好
有時舒服、有時不舒服
怎麼能夠都不變呢？

還有，修，就是要改變
又怎能不變呢？

除非
你開悟了生命的主體
而且能無生法忍

不然，你在客體世界
總是變來變去

但是
開悟自性容易嗎？
並不容易，人們
都是喜歡熱鬧的
喜歡在客體世界遊玩
很少人願意待在
空寂的主體世界
雖然，它有解脫之樂

那時候
剛好跟上時代科技

把信用卡綁在手機
於是，出門買東西
不但可以不帶錢，也
可以不帶信用卡
只要帶手機，有網路
手機就可以付款了
這個叫行動支付

我又發現
在一個行動支付中
有個項目，叫
愛心捐款
裡面有很多有立案的
慈善機構，或基金會

我就想，每天來
存些錢到下輩子去吧
下輩子才不會窮
錢不要都只用在這世

生命不息，每個人
早晚都會到下輩子去
也不見得要到七老八老
隨時都可能有意外
一口氣不來，就到
下輩子去了

於是

我就在手機上，透過
行動支付
每天，找個愛心捐款
轉帳個二百元過去

所以是二百元
那是我想，自己
一天最少要二百元
才吃得飽吧，外面
買一個便當
也要一百元左右
一天二餐，早上就
簡單沖泡個穀粉之類
就好

不過這是舉例，我都自己煮，很少吃外面

如此，每天日行一善
下輩子再窮
每天也有二百元可以吃
很有趣的想法，對嗎？

由於每天做，每天一早就行善，就覺得很有意義，識心會覺得今天沒有空過，日子有踏實的感覺。因為每天都那樣做，就成了一個不變的，馬上對自己有益、對他人也有益的修行。

也是自己超渡自己

於是，把日行一善
推介給我們禪修學員
調整為每天一百元
也可以二百元，或幾十元

找人申請個郵政數位帳戶
作為供養佛法僧三寶
及愛心帳戶

郵局帳戶是最普遍的

互相轉帳免手續費
帳號綁在手機中，一分鐘內
就完成
做不來的，就一次性匯給我
我每天代轉帳

佛教徒大多有善根的
有些每個月會布施行善
但，一個月時間太久
行善帶給修行的效果有限
每天日行一善，對心識的
薰習，效果才會好

也可以藉此

去除自己的慳貪
每個人天生都是自私的
雖然學佛了，但還是
捨不得自己的東西給人
這樣會很難修行有成
自我執著、貪愛太重了
要如何解脫自己？

這也是自己超渡自己
活著就自己超渡自己
死後就無須
奢望親人超渡，那是
不切實際的
你怎能確定家屬，那時

願意給你出多少錢超渡
你怎能確定，那時
你收得到替你做的功德？

人死後
並不一定就有中陰身
可以一七、七七
等著家人做功德
佛陀那時候並沒有死後
中陰身的觀念
不然，印度人就不會
死後馬上把身體燒掉
我們佛教中陰身的觀念

其實是受到民間人死
是鬼的影響
做鬼，才能死後待著
一七、乃至七七
等待家屬超渡他、她

但鬼道是三惡道
做鬼並不好
還是生前就好好行善
死後就乘著善業
沒有中陰身，馬上
就往生善處才好
求生淨土的，以

足夠的善業為基礎
把心中的惡業
轉變掉了
命終，心中沒有恐懼
往生淨土也才有可能

現代版的了凡四訓

會不會覺得，我們的
日行一善
可以媲美古代的
了凡四訓，成為
現代版的了凡四訓？

古代，科技不發達
資訊取得不容易
要行善，有時候
還真不容易

現代人幸福多了
透過網路
從電腦、從手機
就可以取得自己要的
資訊

而且，透過手機設定
每天都可以把錢
匯出去行善
幫助需要幫助的人
累積自己的善根、福德

透過每天、每天

密集的行善，不斷的
薰染心識、轉化念頭
行善就具有修行效果
可以止惡
可以淨化心念

行善就不只是行善
而是一種修行了

我們是有理論的

讓我們變得有福報

讓我們變得有福報，變成有錢人吧。佛法說：布施得大富，持戒能升天。只要你能日行一善，每天最少布施、供養一百元，持之於恆，就會變富有。現在富有，下輩子也富有。

因為，每天都有錢給人家，當然很富有。

只要能夠日行一善，持之於恆，善根福德就會增長，修行就會進步，解脫煩惱才有可能。

日行一善，也是在超渡自己。活著時自己超渡自己，自己都會得到，命終後不靠別人超渡。

要怎樣能夠日行一善呢？運用現代智慧型手機的方便，人人都能做到。

我也行動支付了

跟著時代來進步。

把比較會去的商店：全聯、楓康、大潤發、家樂福都設成行動支付，再申辦了LINE pay。現在辦這個可厲害了，在家裡透過手機網路，馬上辦、馬上好，馬上可以用。

去全聯、大潤發買東西，就用全聯全支付，他們同一個老闆；去家樂福用家樂福錢包或綁定的信用卡，去楓康用line pay。很少去的、很貴的四大超商，偶爾去買什麼，就用line pay了。

為了鼓勵人們用行動支付，除了刷卡有回饋，行動支付另有回饋，就有雙層回饋，多少把東西便宜些，來個小確幸。

以後去買東西，不用帶錢，不用帶會員卡、信用卡一大堆，帶一支手機去就可以了。現在的科技做到了佛陀老人家說的，出家不拿錢，只要銀行帳戶有金錢數字，可以給信用卡扣款就好。

智慧從福德來

《金剛經》正信希有分第六

須菩提向佛陀說：

「世尊，會有眾生，聽了您說的無我相、無四相、不住相布施的金剛經道理，能真正的相信嗎？」

佛陀告訴須菩提：

「你千萬不要這樣說，就算我入滅了，再經過五百年，有持戒、修福的人，就會對這裡我所說的道理生起信心，相信這裡所說的是真實。你要知道，這樣的人，是善根深厚的。他不只是在一尊佛、二尊佛、三四五尊佛那裡種下善根，已經在無量千萬尊佛那裡種下善根了。有深厚的善根福德，才能夠聽到金剛經所說的空、無相的道理，馬上生起清淨信心。由此信心，又獲得了無量無邊的福德，而能邁向解脫。」

所以、所以：

空從有入，智慧從福德來。這裡所說的智慧，不是一般的智慧，而是般若智慧，能夠讓人解脫煩惱、解脫生死煩惱的智慧。

解脫煩惱、解脫生死輪迴痛苦，這要有多大的福報啊。所以，佛說要持戒修福，增長自己的善根福德。

當人們開始行善，世界將變成淨土

當地球的人類，受夠了教訓，人們開始把行善、幫助別人放在第一位時，這個世界就開始轉變成淨土。

現在的人類還沒有受夠教訓。多數、多數人類把吃動物肉當作理所當然，不覺得把活著的動物：牛、豬、鴨、雞、魚……，殺死而吃牠們的屍體、吃牠們的肉，有什麼不對，你就知道，現有的人類，還很野蠻！有多麼殘忍！

除了少數，幾乎所有人類都是自私的，想侵佔別人所有，成為自己的。越有權勢的，可能自私的越可怕。你看！人類發明了最厲害的武器，是用來消滅、毀滅自己的同胞。這是怎麼了，人類瘋了嗎？

現在的人類還沒有受夠教訓，等到有一天，受夠了教訓，人們開始想到；不應該自私，應該行善、應該幫助需要幫助的人。自己好，也希望別人好。於是，開始有人見面的第一句話，就是問：你今天有做善事嗎？你做善事了嗎？

當人們見面的第一句話，就是問：你今天做善事了嗎？這個世界將開始沒有人做壞事，也沒有人會吃動物肉，會去殺動物，把它們的屍體賣給人們吃。人與人之間開始沒有兇殺、打架、相害，更不會有毀滅人類的可怕戰爭。

於是，世界開始轉變為淨土，人們漸漸的沒有煩惱、沒有痛苦，其他動物也一樣。因為做善事，心裡歡喜，身體就健康，人類的壽命不斷的延長，從現在的幾十歲就死亡，變成百歲、幾百歲、幾千歲、幾萬歲才死亡。

當人類壽命長達八萬多歲時，有佛、號彌勒，早上出家，當夜就成佛。三會說法，度了無數億眾生證果，解脫生死煩惱，將釋迦牟尼佛以來，凡是和佛法有緣的眾生都度盡（參考《彌勒下生經》）。

那時候的人修證佛法很快，因為都在行善，善根福德深厚，心裡清淨，沒有煩惱，一聽到彌勒佛說法，恨快就證果，明心見性、見性成佛。和現在的人修行，總是有修難證、有修無證，有天地之差。

最大的功德是供佛及僧

最大的功德是什麼？就是供佛及僧。

怎麼說呢？

「佛」是德行圓滿者，沒有煩惱、沒有貪瞋癡、沒有生死輪迴。佛陀流下了讓人類可以解脫煩惱、解脫生死輪迴苦的佛法，三千年來度脫了無量無邊的眾生。

「僧」是追隨佛陀出家修行，也是佛法的弘揚者，讓佛法可以一代一代的流傳下去，有緣眾生才能聽聞到佛法，跟著解脫生死煩惱，所以供僧功德同樣很大。

世間有什麼事情，比讓人解脫煩惱、解脫生死輪迴苦還要好、還要重要？沒有！其他都是暫時的、次要的，所以供佛及僧功德最大。

佛陀及僧眾，都是離俗出家者，不再從事世間營利，物質所須就有賴在家信眾護持供養。而在家修行所需的佛法，則由佛陀及僧說法、開示給予。如此，互相回饋、互相累積福德，符合因果，才能圓滿所須，佛法也就不斷流傳下去

供佛及僧的金錢、物質，僧眾用不完的，會拿去布施濟貧，對社會作出貢獻，也增加了供養者的福德。

普賢行願品的活用

佛教有許多幫助修證的法門，比方：從行為上來入手。這以普賢菩薩為代表，被稱為大行普賢菩薩，有普賢行願品，以十大願教導於人：

一、禮敬諸佛；二、稱讚如來；三、廣修供養；四、懺悔業障；五、隨喜功德；六、請轉法輪；七、請佛住世；八、常隨佛學；九、恒順眾生；十、普皆迴向。

大家有沒有注意到？

十大願從禮敬諸佛、稱讚諸佛開始，畢竟成佛是佛教徒修行最終的目標。離開了佛，所做一切善事，都只是人天因果，落於生滅中，不能究竟解脫煩惱。確定了目標之後，再來廣修供養，供養於佛法僧，懺悔自己的業障……等等。

但，佛法要能活用，經中普賢菩薩是對著佛陀說的，現在佛已入滅超過三千年了，如何去禮敬諸佛、稱讚諸佛？要把它用在法及僧中，因為，佛、法、僧歸結到心性是同體的。也就是說，除了對佛像的禮敬、稱讚、供養，也實際用於佛法及僧，都有同樣的功德。

藉著現在的科技，要稱讚佛法很容易。

看到佛法文章，你就按個讚，便有了稱讚功德；聽師父開示完，可以留言稱讚，便有了稱讚功德，這些都是手機就做得到的。還有，透過手機，隨時都可以轉帳供養僧眾，便有了供養功德，很容易。

只要有心，現代人不怕不能行善事、做功德。要好好運用現代手機科技的方便，來幫助修行，在這難得的時代。

諸佛說法是共通的

諸佛說法，是共通的，前佛後佛都這樣說、都這樣開示，經中說「施論、戒論、生天之論」。搜尋電子大藏經，可以找到很多條。

開示完了布施、持戒、生天的道理，佛陀再來開示世間欲愛不好，要早日出離，解脫為樂。換句話說，要有布施、持戒、生天修行，才有可能修到解脫生死煩惱。

為什麼要布施呢？人類都是自私的，因為自私，才會煩惱。過份的自私，就會傷害到他人，造作惡業，然後輪迴生死受報。

那麼，布施是很好的藥，可以減少自私，增長好人緣。

為什麼要持戒？持戒就是讓人不會去傷害別人，不會造惡業，也就不會受惡報。在家就是五戒，出家有沙彌、比丘（尼）戒、菩薩戒。雖然，這些在家、出家戒，不見得每條都能守到不犯。但有持戒的心，就不容易有造惡、傷害別人的行為。

有修行布施、持戒，人的善根、福德就會增長，下輩子就可能上生到天上，成為天人，享有殊勝的福報，不再像地球人類活得那麼辛苦。佛陀是稱讚生天的。

現在佛教徒有的會反對生天，認為生天不究竟，福報享盡就墮落了。可是佛教徒不是想往生淨土嗎？淨土屬於天界，沒有生天的福德，可能往生淨土嗎？

如果擔心生天還會墮落，可以求生欲界第四天：兜率天內院，親近補處菩薩、當來下生彌勒佛。那裡不分品位，佛教徒求生彌勒淨土，命終被接引到內院之後，即時見到彌勒菩薩。菩薩對機說法，馬上於無上道相應而不退轉，不會再墮落生死輪迴。

這樣不是很好嗎？

人死後有什麼帶得去？

金錢財富帶得去嗎？不能！權位帶得去嗎？不能！生前是董事長、總經理，死後就不是了。

只有每個人生前
所造作的行為
由行為所產生的業：
善業、惡業會帶去
做善事心裡會歡喜
才有

助人為快樂之本說法
造惡業，傷害了人
心裡會難過痛苦
所有宗教、所有聖賢
才會勸人不要造惡

所以對命終之人
最好的助念
就是讓他憶起，生前
所做善事
讓他心裡歡喜、光明、清淨
命終後
他自然往生善處

如果有做壞事，憶起
惡業，心裡難過呢？
就要懺悔
佛教有
大懺悔文、八十八佛
可以請法師來唸
帶他一起懺悔
這些都要生前就做
不是死後才做

有智慧的人，活著時
就要自己超渡自己
布施、持戒，不做壞事

讓自己擁有生天的福德
死後才能生天

如果自己不知道做
家屬就要替他做，用
他的金錢，去布施供養
幫助需要幫助的人
然後說給他聽，讓他心裡歡喜
有善業可以依靠
心裡就不會恐慌

自己生前所做的福報
讓自己夠資格成為天人
才能心想事成

要什麼有什麼

就像世間有錢人
擁有足夠的財富
他要什麼就能買什麼
沒錢怎麼可能？

布施就是把錢存去下輩子
讓下輩子有足夠的財富
不用像人類，出生後
還要辛苦的賺錢
才有飯吃、才有房子住
才買得起車子
太辛苦了！

就算求生淨土
淨土也是天界
要擁有天人的福德
才可能往生到淨土

總之
財富今生才賺
已經太晚了
必須前世就存過來
有的人，生來就富貴
一生不缺錢
有的人，生在貧窮家
一生再怎樣努力賺錢

也只夠溫飽
不會有太多錢

這都是前世就決定了的
前生有在布施、供養
把錢存到這輩子來
這一世出生，就很有錢
前生慳貪、自私
捨不得布施、供養的
只能生在貧窮家
一生勞勞碌碌、辛辛苦苦

煩惱屬於惡業嗎？

煩惱屬於惡業嗎？如果煩惱傷害了自己，當然是惡業；煩惱跑出去傷害了別人，更是惡業了。所以，修行也不能不注意自己的煩惱。

人類有多少煩惱呢？按照《百法名門論》來說，人類有六種根本煩惱，又叫做六個大煩惱：

貪，瞋，慢，無明，疑，不正見。

由這六種大煩惱引生了二十個小煩惱：

忿，恨，惱，覆，誑，諂，憍，害，嫉，慳，無慚，無愧，不信，懈怠，放逸，惛沈，掉舉，失念，不正知，散亂。

人類會造作惡業，都是由內心這些大煩惱、小煩惱引起的。沒有這些煩惱，也就不會造作惡業。

你好一切就好

要尊敬所面對的

有每天日行一善的修行
啟發內心的善根
接著，每天日常生活中
要怎樣用功呢？

首先，對六根所接觸
所面對的人、事、物
要保有一份的
尊敬心、恭敬心
生命的存在，是

值得尊敬的
不論有情或無情

尊敬一切生命的存在
包括人類、動物
能夠尊敬他們
就不會去傷害他們
讓他（牠）們痛苦
就會持戒，不會
有殺生、偷盜的行為

這是人權的觀念
也是生存權的尊重
生命的存在，何其重要

怎麼忍心傷害他（牠）
讓他（牠）煩惱呢？
又怎麼忍心殺害動物
還去吃牠們的肉呢？

無情器世間的大自然
和一切事物的存在
維持了人類生存所須
怎能不尊敬呢？
沒有白天、夜晚
沒有空氣、雨水
人類要怎樣存活？
沒有飲食、衣服
沒有房子、車子

人類也會生活的很辛苦

所以
尊敬、愛護一切生活
所面對的人、事、物
是文明人
是高等生物，該有的行為

其實，一切存在
都是佛的存在
都是佛的展現
佛教徒
恭敬於佛，也是修行
就像常不輕菩薩說的：

我不敢輕視你們
未來你們都會成佛

感謝我的一切

有了對生命的尊敬
再來，隨時
對每天面對的人事物
帶著感恩、感謝的心

世間事情
有正有負、有好有壞
不可能一件事情
只有好，沒有壞；
也不可能一件事情

只有壞，沒有好

當我們往好的方面想
世間就是好的
心情就是好的
人生就是幸福的
善根福德，也會
不斷增長，所以

早上睡醒：
感謝我睡醒了，沒有一睡不起

穿衣服的時候：
感謝我有衣服可以穿，多麼幸福

走路的時候：
感謝我能夠走路，有路好走

大小便的時候：
感謝我大小便正常，沒有排泄困難

洗臉的時候：
感謝有水，可以洗淨污垢

吃飯的時候：
感謝我有飯可以吃，不會餓肚子

轉帳供養時：

感謝我有錢可以行善，布施增長福德

清潔牙齒的時候：
感謝有工具可以清潔牙齒，不會蛀牙牙痛口臭

坐禪的時候：
感謝我可以坐禪，坐得住

坐禪好的時候：
感謝我坐禪得好，身心舒服

坐禪不好的時候：
感謝我知道坐得不好，不要被影響

行禪的時候：
感謝我知道怎樣行禪，走起來身心舒暢
工作的時候：
感謝我有工作可以做，可以賺錢
妄想的時候：
感謝我知道有妄想，不要繼續下去
煩惱的時候：
感謝我知道有煩惱，用功要精進
生病的時候：
感謝我知道生病了，知道身體無常不是我

命終的時候：
感謝我要死了，靠著生前的善行，生前的修行，
我可以往生到更好的地方，少受苦惱

起心動念決定著我們前途、命運

人的
起心動念、所作所為
很重要，因為
它會改變自己的前途
它會決定自己的命運

心念，如果
善良的多、清淨的多
自己內心會快樂
自己內心會幸福

那麼，前途、命運
也就是快樂幸福的
這輩子業報盡了
就會，轉生到和內心
相應的世界去

如果，心念
煩惱多、不淨的多
乃至不當的惡念多
內心也不會快樂
更別說幸福了
那麼，前途、命運
也不會好
這輩子業報盡了

也會，轉生到和內心
相應的煩惱世界去

同樣的，心念作為
讓自己覺得富有
未來也會富有；
心念作為
讓自己覺得貧窮
未來就感應到貧窮

修行，是在
創造我們的內心世界
每個人報生到什麼世界
生存、生活環境的好壞

都是自己造作來的

心境怎樣
就感現怎樣的外在世界
所以說
三界唯心、萬法唯識

開始
不會很明顯，因為
力道還不夠
漸漸的，內心
隨著自己的修行改變了
變成自己所希望的
外在世界也會跟著改變

為什麼要感恩？

為什麼要感恩？
感恩會讓人懂得珍惜
珍惜現在的擁有
珍惜過去的經驗

有珍惜的心，就不會
去破壞
人世間才會美好

人間是互助互存的

沒有別人的幫忙
自己就不能存活
想到這點，就知道
有很多
需要感恩、感謝的了

感恩父母把我們養育長大
感恩國家保護，讓我們
安全無虞長大
感恩成長中，許多
教過我們知識的老師
感恩許多朋友
豐富了我們的日子
感恩許多事業老闆

讓我們有工作可以賺錢
也感恩許多陌生人
他們善良沒有傷害我

感恩是正面的心態
可以化除
現實中的不美好
現實生活中，難免
坑坑疤疤
不見得都美好

能夠活在
充滿感恩、隨時感恩的
心境中

日子就會過得快樂幸福

把不好的認為好

人生
總是有許多挫折
總是有許多不如意

有人，能夠
心想事成，事事如意嗎？
沒有那麼大的善根福德吧

所以
我們就不能

只要好的，不要不好的
畢竟
命運很公平，都是
自作自受

那麼當身體在痛的時候
也要覺得痛很好
覺得痛也是很美
或者說
痛的時候，就
欣賞痛的存在
（不過，還是不要太痛吧）

妄想的時候

覺得妄想也很好
（不然你怎麼會妄想？）
煩惱的時候
覺得煩惱也很好
（但，不是要你去煩惱）

所以如此
是
當你認為不好
是好的時候
不好就不存在了
當你認為痛也很美
痛就不再不好；

當你認為妄想也很好
不再與它對抗
妄想就不會繼續下去；
當你認為煩惱好
煩惱就被你感化

這就是轉念
這就是轉識成智
把認為不好的
轉成好的
世間就沒有不好的

每天給自己一些美

每天，給自己一些美
讓自己享受在
當中

靈感來了，把
它寫下來
便成了我的美

被感動了，把
感動寫下來

讓它去感動別人
便成了我的美

我已發展出了
一種綜合詩、散文
的文字格式
用以表達佛法真理
讓人容易懂
也是我的美

美，讓人身心
輕鬆、和諧、愉悅
生活就不會枯燥
人生就顯得精彩

我比較像是文學家
把文字排列成藝術
來呈現美

真理，就在美當中
有美、有真
就不會有惡
真、善、美
是一體三面

修行的最終
就是要到達真善美
而解脫在、倘佯在

真、善、美的國度中

結果就出來了

學員分享

一、

每天早上起床，如果沒有其他重要事情，第一件事就是轉帳、日行一善。因為是用手機，很方便，還在床上的時候，就可以做。然後，我會觀想布施廣結善緣，心裡就會覺得法喜。

因為，是早上第一件做的事情，就好像是早課。

早上第一件事就是讓自己心裡有善念出來，於是，白天如果遇到什麼挫折，也就比較不會去起煩惱或生惡念。雖然沒有很多錢，但因為每天、每天的做，不斷的薰習，就會有深刻的感受。

以前，也有在做善事，但每個月一次，尤其用信用卡自動去扣款的時候，就沒有什麼感覺。所以我可以體會，為什麼師父要用日行一善，每天、每天去做，這樣才可以淨化心念、才會有修行的效果。非常感激師父，讓我們有這個機會練習。（慈欣）

二、

日行一善，因為每天在做，就會覺得法喜充滿。遇到事情，不管好壞，都能順利度過，心態上也有所改變，比較能隨緣、比較能慈悲為懷。（觀明）

三、

師父教我們日行一善，我覺得很好，每天都有在善事。雖然金額不多，但因為每天都在做，就覺得很法喜。（靜涼）

四、

師父教我們用日行一善來修行，我覺得坐禪進步了。以前坐禪內心雜念很多，師父說那是貪瞋癡太多。自從日行一善之後，心裡惡雜念減少，比較清淨，上座之後，可以在短時間，就把雜念降下來。（慈永）

五、

自從師父推行，要我們每天一善，我覺得生活變得比較踏實，每天早上起來，我就做了一件善事，就比較安定，有時會產生法喜，很法喜。

我因為不善於手機轉帳，是將整月份都匯給師父，由師父每天代為轉帳行善，我再來念供養、迴向。昨天早上去匯給師父時，在路上心裡就不時湧出歡喜，說不出的喜悅。（慈雲）

六、

我覺得，迴向文好像是唸給自己聽的，比方：「惡念不生起」，提醒自己不要生起惡念。像我這禮拜去出差，吃早餐的時候，就很多人，排了很長的隊伍，開始會起煩惱，但覺察力比較強，很快就想到，不要生起惡念，於是就轉念過來了。（慈秋）

七、

我很開心有日行一善，我比較有感覺的是迴向文，我每次唸迴向文，覺得自己能夠把功德迴向給大眾，覺得很不錯。還有師父每週一次，把大家日行一善的善款，匯出去給需要幫助的單位，都是自己不知道的，只有參加了日行一善，才有這個布施、供養的機會，感謝師父。（慈琍）

八、

日行一善，讓自己多了一份資糧，我把它都迴向給上生彌勒內院、彌勒淨土，希望自己命終時成真，沒有遺憾（慈楠）

九、

每天早上日行一善，唸迴向，無形中就有長養心中善念的作用。當每一天心中的第一個念頭是善念，白天就算碰到不順遂的事情，也就不容易起惡念。當每天這樣做的時候，心中是充滿感恩的，感恩所有的因緣，感恩師父帶領我們做日行一善，感恩我有能力這樣做。心中的感恩是與日俱增的。雖然每天這樣做，只是小小的一件事，但持之予恆，它的作用就很大。

十、

今天下午，我在群組看到師父

把我們同學日行一善的善款
匯出去給今年傳戒的道場，護持戒場、打齋供眾
我就不知不覺，從心底湧出法喜

這是第二次，第一次是
師父為我們學員成立日行一善的帳戶
我到郵局匯款給師父，代為每天轉帳
那時候，也是心裡湧出很大的法喜，持續了幾個小時
以前我也有行善布施，從來沒有這麼法喜過

真得很感謝，師父為我們學員如此量身訂做
打造日行一善的修行
也感謝各位同學一起參與、共襄盛舉
才有這麼大的力量，日行一善真得很好（慈雲）

布施就無我

當你布施、行善的時候
你不只是把東西給人家
而是把
你的自私
你的自我
你的不好
都丟掉了

然後，你的心回歸到
本來的光明

本來的清淨
本來的沒事

這不就是修行嗎？
這不就是修行所要的？
所以，大乘佛教
才把布施排在菩薩六度
的第一度
多麼重要啊

透過無私的付出
你的心是無我的
你的心是解脫的
因為心轉變了

人生，也就跟著轉變
世界，也就跟著轉變
淨土也就會跟著出現

坐禪不是要你去干涉身體

坐禪
不是要你去干涉身體
讓身體舒服，或
讓身體怎樣

而是
讓心在心的位子
身體在身體的位子
你要注意的是：
心

有沒有受到身體的影響？
心
有沒有受到妄念的影響？

只要心安於心位
心只是個覺照者
沒有投入因緣變化的身心
如此，就是修行

真相就會出現
原來，心是
天上天下，唯我獨尊
然後
諸法都會隨順實相

各安本位
各自解脱

佛法沒有很複雜

不要把佛法想得太複雜
佛法，沒有那麼複雜
佛法，就是你看到的那樣
而已

有人說，心經不容易懂
心經就是它文字所描素
的那樣而已

不要用頭腦去理解佛法

頭腦，會不斷的製造問題
然後不斷的要求解決問題

不要看到佛法
就要去解釋它
一開始解釋
就離開它了
就離開真義了

所以，解釋只是方便
方便就不是究竟

佛法，不要用相對性的
頭腦去理解

要用心去感受
用心體會就好

怎樣用手機日行一善？

一、

只要是用智慧型手機，在台灣，應該很少人不用LINE的，它是手機上最火紅的通訊軟體。除了寫字通訊，還可以講電話，通通免費。如果網路有吃到飽，市內電話、大哥大都可以不用了。有些電信一個月吃到飽，也才100多元，像台灣之星，如果你那裡收訊好的話。

有了LINE，就可以來使用LINE pay行動支付。方法很簡單：

打開LINE，下方最右邊，可以看到「錢包」項目。點進去，上方就會看到「立即註冊LINE pay」。點進去，按照它的指示，註冊信用卡，或者申請信用卡。

LINE pay必須綁定它指定的信用卡，消費的時候才有回饋。

目前比較好的是「聯邦賴點卡」，國內消費回饋2%，國外3%。回饋是點數，1點1元，下次消費時可以抵扣。

所以，找到「聯邦銀行 聯邦賴點卡」的選項，點進去就可以申請信用卡。同時要申請它的「數位銀行」，由數位銀行扣信用卡款，及申請電子帳單，才有回饋。

再來是「台新@gogo卡」，符合它的條件，綁在LINE pay

刷卡，基本上會有3.8%的回饋。gogo卡是回饋現金，每期結帳時，就匯入自己的帳戶。相關資訊可以去谷歌查詢。

二、

LINE pay綁信用卡之後，進入「LINE錢包」，右邊會看到「LINE pay」選項，點進去，就會看到一個「愛心捐款」選項，裡面有很多家在政府立案的慈善機構、或基金會，你就可以每天去日行一善了。

鬆是妙法

修行可以很簡單

相信嗎？修證方法也可以很簡單，只要「鬆」就夠了。真得鬆了，就不會有執著，也不會妄想。古德引華嚴經說：「一切眾生皆具如來智慧德相，但以妄想執著，而不能證得。」

為什麼要鬆？

凡人活在世上，都有生活壓力。就算沒有了生活壓力，不愁吃住行穿，錢夠了，也會有生存的壓力。每個人都有自我，意見會不同，難免緊張；每個人都有生老病死，早晚會來臨，前途茫茫，會擔心、害怕，身心就會緊繃，連帶的就想東想西，妄想不停。

真得鬆了，這些問題就不存在。

鬆，必須先覺察到緊的存在，身體什麼地方緊，就加以放鬆。全身都鬆了，會覺得舒服、自然、和諧，妄想也會減少。

有時候要鬆，鬆不下來，就要做些運動，讓身體先緊後鬆。至於姿勢嘛，覺得坐禪好就坐禪；覺得椅子坐著、躺著好也可以；覺得行禪、立禪好就行禪、立禪。姿勢不拘，以能鬆為要。

練習看看，真得鬆了，是很舒服的。

怎樣才能鬆？

練習的時候，開始會覺得，緊是身體的關係，接著才發現，緊是產生於內心的觀念執著。只要內心沒有執著，身體就不會緊。

內心為什麼會執著？因為每個人都有自我觀念。自我產生於自己的身體，自我的產生，就是要來保護自己的身體，爭取自己身體的福利。所以，自我是自私、偏見的。

於是，喜歡舒服、快樂的感覺，討厭不舒服、痛苦；喜歡清淨、安靜，不喜歡妄想、紛亂。這樣好像也沒有錯，那是對身心有益的。但常常那樣分別取捨，內心如何能安靜？

自我智慧也有限，他只知道表面，無法深入事實真相。他不知道身心的一切現象，都是自己造作來的，有因緣法在支撐著，不是自己想要怎樣就能怎樣。而且，凡是造作了，就會產生能量，又稱業力，必須完全呈現了了，才會消失。而執著就是付於能量更大的力量，會糾纏不息。

所以，對待身心現象，正確的方式，就是讓它自然呈現、自然消失。不管自己認為好的、不好的，只要沒有執取，都是生生滅滅，才生即滅，不會停留。生滅完了，寂靜涅槃就會出現。

內心會執著，就是有妄想。為什麼會妄想？就是不明事實真相。例如：認為身心現象有好、有不好，就是妄想。有妄想，進一步產生取捨的執著，便更加妄想不息了。

內心沒有執著，才能真正鬆；真正鬆了，內心就沒有執著。沒有執著就是放下，放下就是楞嚴經（卷四）說的「狂性自歇，歇即菩提」。

鬆是自然狀態

如果，你有
觀照能力
你會發現
自己，幾乎
隨時都在緊繃著
不得輕鬆

緊張，已成了
一種習慣
就因為緊張

你會妄想不停
你會用功不好

只要解除身心的緊繃
放鬆下來，許多
修行問題
身心困境
便迎刃而解，自然消除

所以，鬆是
修行的第一步驟

怎樣鬆呢？
鬆是自然狀態

身心能夠自然
叫做鬆

什麼是
自然狀態？沒有
人為造作的狀態
叫做
自然

什麼是自然？

沒有人為造作的狀態
叫做自然

怎樣才能
沒有人為造作？

那就要沒事的時候
能夠安於沒事

人們都是害怕

沒事，無聊的
於是
沒事的時候，就會
找事情來忙

那就是人為造作
讓自己處於
不自然狀態
也就是緊張狀態
無法放鬆

所以，沒事時
要練習安於沒事
可以坐著，可以躺著

可以走路，可以站立
行住坐臥
看哪一種姿勢
舒服
就採用哪一種姿勢

安於沒事了
覺得哪裡緊繃，就
放鬆
只要心念不跑出去
意識到哪裡
哪裡就會恢復
正常
自然

睡著了也沒有關係
休息夠了，就會醒來
不要抓著睡就好

不需要用意造作
只要身心回到本來
任運就會出現
自然放鬆
自然修行

無上妙法
告訴你了

任運功

七十歲生日的時候，在幾個地方，中、北、南聚餐。北部在某素食餐廳吃飯，學員們買了蛋糕。鑑於同學們的發心，現場傳授一套「任運功」。可以即時消除疲勞，抒解身體的僵硬。大家應該都有遇到，坐了好久，很不舒服，好想動一動。可是要怎樣動才會舒服？任何一種運動都很慢。任運功一做全身都動到，不久疲累就消失，通體舒暢。

任運功是自發性的，什麼地方僵硬、不舒服，就會去運動那裡。它的動作是不規則的，不一定會怎樣動，可以抖動、可以跳動、可以轉動，但其實又是有規則的，總以能消除緊張、不舒服為止。這是很奧妙的功法，源自人體的潛能，人的身體本來就有自我復原的能力，只要讓身體自己去發揮就好。

閉著眼睛效果最好，身體會自己跳動、抖動、轉動，卻又不會碰到旁邊的障礙物，很妙吧？身體並不是單靠眼睛來知道外界，眼睛不作用，心裡還是知道的。如果不放心，眼睛可以稍微張開。

每個人身體情況不一樣，動作也會不一樣，只要放心讓身體自己去動，它就會動出一套屬於自己的功法。當身體僵硬、緊張、不舒服的時候，動了很快就可以消除掉。由於它是自然的，身體自己發揮出來的運動，我就說它是任運功。

休息坐禪

休息的妙用

要怎樣坐禪？
你就把它當作休息吧

休息會嗎？
沒事了，身心放輕鬆
怎樣坐舒服，就怎樣坐
可以雙盤、單盤
乃至平盤、散盤
有在坐就會進步
腿是需要練的

每天固定時間，去坐
能坐多久就坐多久
坐得舒服了，時間會延長

坐禪也好比要睡覺
不管什麼姿勢：
仰臥、側臥、俯臥
你總要躺得舒服
才會入睡，睡著了
身體會隨著需要
自動去調整睡姿

坐禪又何嘗不是如此？
總要坐得舒服

身心才能輕鬆、平靜
就算開始坐時
姿勢不是很正確
等到不舒服了，身體
會想要調整
再隨著身體的需要
去調整就好

當然
坐禪不是睡覺
舉例休息、睡覺
只是說
它們開始是一樣的

休息有休息的狀態
你必須進入那狀態
才能達到休息的效果；
睡覺也有睡覺的狀態
你必須接近那狀態
才能睡著；
坐禪也有坐禪的狀態
也必須靠近

那麼，運用
大家容易理解的
休息、睡覺原理
來進入坐禪狀態
一旦進入了才有可能

來超越休息、睡覺
身心在靜、定中
進一步
超越動靜，離妄歸真
都有可能

要任運自然

雖然說
運用休息、睡覺原理
可以讓人容易進入
坐禪狀態

但是
進入了要如何保持
穩定，繼續深入
也是很重要的
現在就繼續來分解

開始坐禪
常常是有作意的：
我要放鬆
我要安靜，等等
那是方便
也不能說不對

等到進入狀態之後
就應該放手
意識、頭腦
就該退場了
不要再主導坐禪

當身心鬆靜自然之後
會不想動腦，這時候
就要讓身體作主
身體覺得怎樣好
就怎樣好
身體要怎樣調整
就隨它怎樣調整

就好比睡覺：睡著了
意識不再作主
身心的本有規律
就會現前，自由運作
怎樣睡才好
身體自己會運作

睡覺才會睡得好

坐禪又何嘗不是如此
差別只在：
睡覺是沒有意識的
坐禪則是有意識的
但，意識要回到最初
只是知道，只是感受
沒有分別取捨
感受身體的需要
然後讓身體作主

然後當身體也覺得
不需要作主了

這時候，就不要
再抓著身心感受
或者知道、不知道

會好像睡覺
又好像不是
坐禪的狀態，是
介於睡覺與清醒之間

也不用管，自然就好
沒有人為造作之後
本有任運就會現前
邁向目標，無須作意

坐禪的心法

坐禪有方法嗎？
說，沒有方法
沒有人會接受
說，不需要方法
更會令人搖頭

可是
任何方法，用到最後
其實只需要心法
就可以了

心法就涵蓋方法
等於方法不需要了

什麼是心法？
就是觀念，觀念對了
觀念就是方法

在禪宗來說，心法
不只是觀念
還要，超越觀念

觀念對了，就是
一般說的
正見、正念

但，不管是
正見或正念
都還是念，並未離妄

離妄、解脫需要的
正見是無見
《頓悟入道要門論》：
「見無所見，即名正見」
《楞嚴經》：
「知見無見，斯即涅槃」

無見就是
對自己的身心現象

對見聞覺知的對象
沒有意見
不作人我、是非
善惡、好壞的分別評斷

那麼，雖有外境
不受影響
與我無關
一切身心現象，只是
因緣法，緣起緣滅
法爾如是
本來無事

在沒有自我作意之下

坐禪不會有問題
也就不需要方法
去對治
只要有心法就好

心法即真實

世間都不是真實的
那麼，還有什麼是真實？
我們來探討。

世間的事情都是依
身體的感官接觸，再
依靠頭腦的想像而存在

頭腦不想、身體不作用
還有什麼是真實的？

當頭腦不想、身體不作用
感覺真實的
只剩下內在所謂的「心」了

那麼
為什麼知道心是真實的？
還是有一分想在那裡
或者說，抓取了
認知作用
而說它是心、它是真實
如果都不抓取，沒有執著
還有一個東西叫做心嗎？
沒有！

因此，所謂的
「心」也是世間的東西
不是真實
不離能見、所見
沒有了
能所、相對的想像執取
也沒有心可得。

沒有心可得，世間
也不可得
什麼是真實？
說什麼都不是，方便說
是空

空其實也不可說
可說，就不是空了
空只是方便說

空是
表達身心內外都不真實
空也是表達
空了，而沒有消失的
真有，或者說
妙有
那個才是真實
我們看到世界真實

來自於它
不是
被看到的世界真實
而是看的源頭
真實
世界只是看的投射

不是每次用功都順

不是
每次用功都順
有時候，會有障礙
讓你很煩
用功不下去，怎麼辦？

這時候
如果隨著狀態下去
就是心被境轉
用功不會好

這時候
要心能轉物
反其方向而行

比方：
那狀態是不好的
你要反過來：
感謝它，認為它好
包容它，接受它

接受
你當下現前的一切
不反對它，不排斥它

舒服、不舒服
都是好的，沒有取捨
接受了你所有的一切
也就
放下了你所有的一切
就會
回到身心本來任運
不勞用功

佛陀說這樣用功

當頭腦都不作用時
就會回到
生命本質

如果祖師說的，做不到
那就回到佛陀說的用功

你們要觀照：
自己的身體是無常的
無常的，不能久住

隨時在變化
執著了，就會產生痛苦
所以
身體不是真實的
身體不是我

同樣的
也要觀照精神上的
受、想、行、識
是無常、苦、空、非我
精神永在，根本不可能

能夠這樣觀照
就會產生正見、正念

正確的念想
會讓你厭離、不喜歡
身心五蘊
不會貪愛五蘊
那麼，你的心
就會從五蘊束縛中脫離
出來

當你的心解脫了
不被五蘊束縛
你自己就可以證明
你已解脫生死
不再承受身體死亡的痛苦

這是佛陀說的
放在最早編出來的佛經
雜阿含經第一篇
自己去看
佛陀不會騙你

禪說四念處

傳說，佛陀成道後
弘化了
幾十年、八十歲餘
老了，將要入滅
進入無餘涅槃
弟子趕緊問：
世尊！您不在後
我們要依什麼安住呢？
佛陀說：
依四念處住

四念住
古來眾說紛紜
誰能夠依說來用功呢？
這裡就從禪宗坐禪
來說四念處：
身、受、心、法

坐禪一定要將
向外攀緣的心念
收回來，放在身體上
這是身念處

為什麼要放在身體上？

凡人
心念都想要依靠的
坐禪，就
依靠在身體上
好讓心念平靜下來

當心念放在身體上時
就會產生感受
這是受念處

會感受什麼呢？
感受到身體坐禪時的
狀態
舒服、不舒服

姿勢適當、不適當
不適當時
會覺得不舒服
身體就會想要調整
那麼
就讓身體去調整

比方：
你可以先把心念放在頭部
去感受頭、臉
頭、臉
如果有緊繃，或沒有擺好
感受到了，身體
就會自動去調整

依序，感受
脖子、雙臂、手
胸部、肚子、臀部、雙腳
感受到的地方
都會自然調整

當身體調整好了
感受會淡化
乃至，覺得沒有身體
只有心
這就是心念處

但是，真得

有心嗎？
心依境立
若無境，心也沒有
心，只是
依境而有的認知
所以
凡人的心又叫做識

有這種認知，就會
由心進入：法念處

法念處，是什麼呢？
沒有心境的認知執取
心境不立、心境消泯

就會呈現

真如

真如

雖說是真實的，卻是

一體無二

如如中

不可說、不可思議

表示

並非相對世間物

早期佛教稱它是

法

如見法，表示證果

在現象界
則呈現因緣法：
無常、無我、空

解脫
於是出現
又叫涅槃，證果

動靜互用

不是要靜，就靜得下來

靜
是有條件的
必須身體調和
才靜得下來

再說
身體並不是靜的
身體活著時
它必須吸收
也必須排泄

所以，身體
隨時在新陳代謝
細胞也隨時在死亡
隨時在新生
所以，身體隨時在動

坐禪
要入靜、要禪定
其實是違背身體法則

於是
用功上，有靜也就
必須有動
有坐禪，也就

會有行禪、經行
動靜配合
用功才能進步

我們可以把
動靜同時都用上嗎？
例如
坐禪，並不只是靜
而是
靜中有動，動中有靜
行禪
動中有靜，靜中有動

其實

也唯有這樣
才能深入寂靜

因為，基本上
身體的動
是有規律的
叫做律動
有規律的動，我們
會不覺得動，會
覺得舒服
覺得安靜

所謂的靜
其實，只是

有規律的動

靜不下來時如何？

坐禪，身體
不可僵僵硬硬的
那樣當然就靜不下來

這個世間
凡是活的
都是不斷在運行
古人說：
生生不息，今人說：
新陳代謝，佛教說：

生住異滅

身體僵硬，就
表示失去正常運行
有所阻塞
不會舒服，當然
也就靜不下來

所以，要透過
微微的動，有
規律的動，讓
身體回復本來的律動
不舒服的地方
舒服了，然後

才有鬆靜的可能

這原理
不只是坐禪，也
適用於生活各方面

那麼
如果，方法用過了
還是靜不下來呢
要怎麼辦？

靜不下來，就
靜不下來
不舒服就不舒服

只要不投入

圓覺經：

「居一切時，不起妄念」

做不到怎麼辦？

「於諸妄心，亦不息滅

「住妄想境，不加了知

「於無了知，不辨真實」

怎樣知道身體要動？

那麼，坐禪的時候
我們怎麼知道
身體需要動呢？

這必須身體，有一定的
輕鬆
內心有一定的
覺察，知道
哪裡不很舒服，身體
在那裡律動任運調和

就順著身體的律動就好

換句話說
要有一定的任運功夫
然後，就順著身體的
任運
身體想要怎樣動
就讓它怎樣動

這種動，不會很粗大
外人甚至不覺得
你身體在動
它只是輕微的動
而且，是有規律的

律動

所以是舒服的
會把身體的緊張、壓力
釋放掉
身體於是得到和諧、自然
然後
身體就不需要動了
才能完全的靜下來

外表上完全的靜下來
內在上回歸到本來的
律動、任運

因為是本來的動
所以是舒服的
漸漸的
我們也不覺得它是動
於是，動靜就一如了
動中有靜，靜中有動
動就是靜，靜就是動
動靜不二

六祖壇經，惠能說：
佛法是不二之法
(行由品第一)

行禪、完整走路的時候

也是一樣
身體是有規律的動
漸漸的
回歸到身體本有的任運
動靜就一如了
心境也跟著，進入寂靜

不論坐禪、行禪
身體在動的時候
心念都要跟它合一
因為，身體的律動
是舒服的，念頭也會
喜歡它、跟著它
就不會胡思亂想了

靜不下來可以動

坐禪
當你靜不下來時
就表示，你的
身體還不適合靜

這時候
你可以讓身體
微微的動
有規律的動
可以是畫圓圈

往右劃，或往左畫
也可以是往前動，或者
往後動
慢慢的

至於
哪一種適合？必須
自己去體會，只要
那樣動之後
覺得身體舒服
那種動就是適合你的

有在完整走路法的人
比較容易體會

我的意思
走路，所以叫做完整
就是全身
一動，則全動
於是，身體在有規律
的方式下
自然的走著
會覺得舒服

毫不費力
自然如此
就成了任運

當坐禪，靜不下來

表示你身體有阻礙
動，則是
讓身體流暢
阻礙消失

很簡單的道理
那裡不舒服
就動哪裡，只是
必須是有規律的

等到那裡舒服了
就不會想再動
於是，就靜止了

這也是
為什麼禪修
都是坐禪、行禪
互相轉換
互相進行的原因
重點是：
方法必須正確

身體有自我調整的功能

身體有自我調整的功能
身體有自我療癒的功能
只要偏差了
任何時候
身體都會想把它調整過來

就好比：
肚子餓了，就會想吃
吃飽了，就不想吃了；
睏了就會想睡

睡夠了就會醒來
每個人都是如此，只看
你要不要順從身體？

所以
有一種功法
是從動下手，動到
不想動了
自然就靜下來
內心念頭也跟著止息
不大會有妄念

可以沒有念頭嗎？

可以沒有念頭嗎？
可以啊
怎樣沒有念頭？

該想的想過了，就不會再想
也就沒有念頭了
平常對念頭要這樣看待：

想什麼是自然的，念頭
出來有它的必要

會去想什麼也是必然的
它才會去想
想也是快樂的，才會去想

當你不壓抑念頭
你就不會去排斥念頭
那麼，就算有念頭
在想什麼你也會知道

這樣就不會被念頭拖走
也不會為念頭煩惱
該想的想過了，念頭
自然消失
就沒有念頭了

怎樣沒有妄想？

有人說：我就是常有事情想不完，怎能沒有妄想？

我說這個好辦。現在每個人都有智慧型手機，手機錄音方便。你有什麼事情想不停的，就把它講出來放在錄音中；把你的妄想講出來放在錄音中，一個、一個講出來放在錄音中。講完了，心中就沒有事情，也就不會一直妄想了。剩下的，就只是偶爾飄起的念頭、雜念，注意不要形成妄想就好。

試試看，很管用喔。

超越動靜就是這個

動，不是我在動
靜，不是我在靜

觀念到了，開始
你發現靜不下來
會不由自主
想要動動

不由自主的，就
沒有我在主導

但，開始
難免會作意
帶著作意在動
這就有「我」

漸漸的，你要發現
動是可以不用作意的
因為
當覺得有阻塞時，就
會不由自主的
想動，乃至於怎樣的動
都是不由自主的
只要隨順它就好

不用作意，就是
無我
不需要我

「我」就昇華為旁觀者
「我」就只是知道
不去干涉

動沒有我，其實
也就沒有動，因為
你沒有投入
你是旁觀者
你是沒有動的

當動過了，就
不會想動
自然就靜止下來

因為
是自然的
是自然靜下來的
沒有作意，於是
其中也沒有我

「我」只是旁觀者
「我」沒有投入靜中
靜，也就沒有我

靜，也就沒有形相
沒有形相的靜
也就不存在
靜不存在
也就沒有旁觀者

再說一次：
身心自有它運作的法則
叫做任運
只要不介入
身體會運作的很好
心靈雖有念頭
念起念滅，不會

形成妄想

動的時候
行住坐臥的時候
只要旁觀
知道就好

靜的時候
不介入
靜，就沒有靜相
靜是不存在的

動的時候
只要任運

不介入

動，就沒有動相

於是，超越動、靜

回歸自性

只有覺知

知亦無著

三千大千世界

只有這個

怎樣用功？

既然每個人
都有佛性、覺性
你要找的就在眼前
你還要怎樣用功呢？

用功就是造作
造作就是因緣
因緣就是現象
你要用功，就落入了
生命現象，而

不是邁向生命本質

所以禪宗祖師
不叫人有為用功
而是說：
「一種平懷，泯然自盡」
（三祖僧燦）

「平常心就是道」
（馬祖道一禪師）

什麼是平常心？
內心
沒有造作，沒有是非

沒有取捨，沒有斷常
也沒有
凡夫、聖人的觀念

就這樣用功，從
心地上用功

當頭腦都不作用時
就會回到
生命本質

不變的在這裡

一直都在的，要怎樣用功？

唐代有個張拙秀才
悟道後，寫了一首悟道詩：

原來我的自性
一直都在，還很光明
從來沒有隱藏
雖然它很安靜，卻是
遍照著三千大千世界
不管是凡夫、聖人

都具有這個自性（佛性）
祖師才說：
心、佛、眾生三無差別

只要能夠
妄念不生，三際不存
自性就完全顯現

而六根才一動
根、境、識出現
自性就如被雲霧遮蓋

同樣的，修行
想要斷除煩惱

心就偏掉了
把不真實的當作真實
只有病上增加疾病

想要修證真如
心也是偏掉了
真如不在遠方
真如一直都在
也不用修，一直圓滿
想要
修證真如是不對的

修行只要隨順世間的
因緣，該怎樣做就怎樣做

不要讓心裡有罣礙
心中沒事便是修行

也不要追求涅槃
也不要厭惡生死
修行所證的涅槃
凡夫的生死輪迴
實際上並不存在，就好比
空中的花朵而已

原文：
光明寂照遍河沙，凡聖含靈共一家

為什麼當體便是？

黃檗禪師說：
當體便是，動念即乖

什麼意思呢？

你要用功到
不需要用功的時候
才可能見性

用功就是動念

動念就是頭腦作用
頭腦就是身體工具
工具永遠只是工具
不會是靈性

就好比車子
永遠只是車子
不會變成人

如果你想解脫？

如果，你想明白
什麼是真心（不是妄心）
什麼是本性（不是習性）
或者
什麼是解脫？

沒事的時候，內心不要有人我、是非、善惡、好壞的觀念，
也不要有人我、是非、善惡、好壞的取捨。

哦，不要輕易看過

什麼是人？什麼是我？
什麼是是？什麼是非？
什麼是善？什麼是惡？
什麼是好？什麼是壞？
什麼是取？捨？

這些
觀念、取捨都沒有了
再來感覺：

這時候的心是怎樣
有生滅嗎？
有束縛嗎？

有空就這樣用功
直到有一次
你發現了
你明白了
心是沒有生滅的
不是有，也不是無

妄想可以止息
你就開始入門了
可以回家休息
不用一直在門外
徬徨、流浪
不得安心

沒事時不要製造人事

沒事時
不要去抓個人來，或
找個事情來
只要有「人」
就會產生「我」
於是，心中就有了人我

再來
有「我」，主觀就出來了
就會去判斷

人、事，就會有
是、非

然後，善惡、好壞
紛擾擾就冒出來了
這就是妄想的由來

妄想
皆由一念不覺
見分形成相分
不知心中影像
都是自心所造

返本還原

只要
沒事就安於沒事
不要無端起知見
乃至
不要抓著見分
成為能見

有能見，就難免
幻化出所見
當知，體性本空
真空自然妙有
般若無知，無知之知
才是真知

見聞覺知不干擾

只要活著、醒著
生命就會有活動
會看到、聽到、感覺到、知道
簡稱見聞覺知
你會受到
見、聞、覺、知影響嗎？

其實
見聞覺知不會干擾到
心的解脫

雖有外境，色聲香味觸法
心的本質也常處於自在中

這就好比什麼呢？
好比飛鳥飛過天空
虛空有受到影響嗎？沒有
人心也是一樣

只要你對
見聞覺知、六根所對的六境
沒有取捨，沒有喜歡、討厭
無心，回到心的本來
無人我、分別之心
你隨時都是觀自在

再說
心的本質是不用修的
不修自然就在心的本質中
一旦起了修的念頭
就離開了解脫
不在真心中，進入妄心
紛紛擾擾不得休息
所以，真正有道者
不會要人修東修西
只會告訴人們真相
回到真相中，就解脫煩惱了

（司空本淨禪師：
（見聞覺知無障礙，聲香味觸常三昧

（……）

禪宗要怎樣用功？

禪宗要怎樣用功呢？
祖師已經告訴你：
「佛語心為宗，無門為法門」

誰沒有心呢？
沒有心就死了

身體只是工具
你的一切作為；動的、靜的
都是心在作用

你還要去哪裡找心呢？
你還要怎樣修呢？
不用修就解脫了

你說：
可是，我有妄想，我有煩惱
怎麼會是佛？
怎麼會是解脫呢？

我問你：
妄想、煩惱是真實的嗎？
妄想、煩惱常住不滅嗎？
不是，對不對？

既然妄想、煩惱是
無常、無我，不真實的
有什麼好擔心呢？
你只要對它們沒有憎愛
也不分別取捨，它
就沒有持續下去的力量
念念生滅
不會影響你

馬祖道一禪師說：
「汝等諸人，各信自心是佛，此心即是佛心。」

人們用功最大的障礙是？

人們用功最大的障礙是：
害怕失去什麼，又妄想得到什麼
不敢完全放下

例如：
我不要有妄想妄念
我的心要清楚明白
執著這個，又執著那個

可是那些都是虛假的
就算你做到了，也會失去

有什麼用呢？

佛經告訴我們：

假的不去，真的不會來

般若心經說的很清楚：

五蘊是空的。五蘊既然是空，也就沒有六根、六境、六識，也沒有無明，更不需要滅除無明。那你在修什麼？

沒有生老病死，沒有苦集滅道，沒有智慧也不能得到什麼。你修行要得到什麼？

你要心清楚明白，就是希望有智；你想要清淨、禪定、開悟，就是希望得到什麼，違背了心經所說的。這些都必須丟掉，無取無求，妄想煩惱才能止息。假的消失了，真實的就出現了。

「真實不虛」，心經說

你就是你不用證明

現象就是本質
只要沒有妄想執著

所以
經中說，一切眾生皆有如來智慧德相，但以妄想執著而不能
證得

佛性無形無相，應物現形
凡見物即見心
心不自心，物不自物

為什麼會有心、物？
就是佛性在作用

那麼，還要去哪裡
找佛性
見佛性
佛性就是你自己，你就是佛

你就是佛，不要把佛
想成三十二相 八十種好
那種佛
釋迦牟尼佛在世也只是
一位比丘
要吃、要拉、要睡

重點在內心是解脫煩惱
體悟到真正的自己
不再認假為真
佛，就是真正的自己

自己能夠見到自己嗎？
見到的，只是自己的影子
就如照鏡子
見到自己了，其實
並不是真正的自己
只是自己的影子

你會說，不見到自己
怎能知道是自己？

說得沒錯，親證才能不疑

只是，自己不在外面
也不是妄想可見
妄想永遠不會是自己

只有拋棄了妄想
無智無得，無所求之下
自己才會現前
就會明白，無求自得

不用害怕
自己永遠不會消失
儘管放下，放到無可放

不然

儘管接受，什麼都接受

你就是你，你隨時存在

用功時不用怕自己不在

也不需要證明自己存在

走路時，你是走路

走路時，你是走路
工作時，你是工作
行住坐臥時，你是
行住坐臥

這是事實
這是實相
為什麼不呢？
這樣還有妄想嗎？

這樣還有煩惱嗎？

這樣就是天人合一
這樣就是心境一如
就好比開車時
你就是車，車就是你
人車合一
你會把車操控得很好

人們，總喜歡
庸人自擾
在一如的實相中
劃分你我
強加心境

於是，就由
絕對進入了相對
佛不再佛，你
不在覺位
淪落為眾生
取因緣和合的現象
當作自己

然後
再來哀嘆：好苦啊
我要來修行
我要來解脫

其實，只要

任何時候
你不強分心境
你心中沒有它我
就是修行
就是解脫
就是離苦得樂

自性是故鄉

主人在哪裡？

不知要怎樣形容你？
你一直都在
人們卻不認識

人們到處去找你
千方百計的找你
注定找不到你

人們為什麼找不到你
因為都愛玩

在外面的世界玩
五彩繽紛
光彩奪目
好吃好看的太多了
玩得不亦樂乎

哪天玩膩了
開始來修行，換成
在身體上玩
在心裡上玩
也玩得不亦樂乎

不知那些只是
浮塵幻影

你才是生命主人
沒有你
解脫煩惱，止息輪迴
只是幻想

既然是主人
就無時不在，不用找
只要
不向外攀緣
休息了愛玩的心
就會見到主人

其實，你
就是主人

自性在哪裡？

這一切都是自性
還要去哪裡找自性？
就好比大海是水
平靜時是水，波浪時也是水
還要去哪裡找水？

有造作就不相應
要造作於無造作
無造作而造作
金剛經：

應無所住而生其心
不應住色生心
不應住聲香味觸法生心

見性是個事實，每個人
都在見性中
沒有人不見
只是不知
然後再去找尋見性

自性是什麼？

自性是什麼？
自性
不是什麼
什麼都不是

那麼
為什麼要坐禪？
坐禪是釋放身體的壓力
行禪是調解身體的機能

身體調好了
也就調心了一半
身心調好，五蘊止息
還在的
沒有生滅的
不就是自性嗎？

有時心境對立
只要不存妄想
則心是心，境是境
法住法位，世間相常在
互相不妨礙

其實

境由心現
心依境立
若心境不依
則唯一靈知
知亦無知
即有而空
便是涅槃

要怎樣用功？

問：
要怎樣用功？

這裡沒有你用功的地方

你可以坐禪
坐禪，是
自性在坐禪
你要怎樣用功？

你可以行禪
行禪，是
自性在行禪
你要怎樣用功？
行住坐臥，都是
自性
你要怎樣用功？

用功
是妄心想思
是頭腦作用
它把
你拉離自性

然後
再來找性

所以
坐禪，只是坐禪
會有念頭妄想出來
會有身體舒服不舒服
沒有關係
只要
不妄上加妄
不分別取捨
即有而空
還是自性

當下就是現在

當下就是現在
接受現在的一切
沒有取捨
就是最好的修行
這是真心的思維

但是
我們活在相對的世界中
怎麼能夠沒有
人我、是非、善惡、好壞

的取捨呢？
這是妄心（頭腦）的思維
那麼，要如何才好呢？
綜合兩邊的思維
來說吧

接受現有的一切，也
就意味著
不去追求什麼
舒服就讓它舒服
不舒服就讓它不舒服
我是說坐禪、行禪

或用功時的身心現象

所有是非、好壞
包括散亂、昏沉
輕安、禪定、開悟
都是頭腦想像下的產物
都是妄心（頭腦）
分別、執著而有
根本上並不存在
何苦為不存在的
來對抗
來追求，所以
好就讓它好，不好就讓它不好
與我無關

其實
也沒好，也沒不好
都是假相

這樣有什麼好處呢？
頭腦是需要有好處
才會休息的

好處就是：
回歸實相
沒有煩惱，解脫、喜悅

現象界
本來就是因緣法

隨緣而生，隨緣而滅
不是你我能夠左右的

當我們能夠接受現有的一切
不起心動念，去
追求什麼
心就不再糾纏於因緣法中
不會把因緣當作自己
自己就不會成為眾生

於是
因緣的回歸因緣
在因緣的自然律動下
因緣的問題

自己會解決

心回歸心本位
無為而不妄心妄動
事事物物也就
回歸它本來的狀態
在本來規律中任運
各自解脫

有人問，金剛經說：
「以無我、無人、無眾生、無壽者
修一切善法
則得阿耨多羅三藐三菩提」
要怎樣修？

只有在真心作用下
才可能
無我、無人、無眾生、無壽者
頭腦作用
一定帶來人我是非，也就會有
我他、社會、國家的執取

那麼
為什麼要修一切善法呢？
要成佛嘛
沒有福德怎能成佛

每個人都在開悟中

當你問：
怎樣才能開悟？
顯然，你是在迷中

其實
每個人都在開悟中
但因為不知道
就認為自己在迷惑中

就好比，每個人

都有佛性
在佛性中，每個人都是佛
但因為
不知道，也就
不相信自己有佛性，更
不相信自己也是佛

於是
只好認為自己是眾生
取因緣和合的五蘊現象
當作自己
然後，一直想要修行
認為
修行才能成佛，修行

才能解脫煩惱

諸佛
只好哈哈大笑

其實
當諸佛成佛的時候
都發現，原來
一切眾生都是佛
只是不知
只是被妄想執著障礙
才不能明白

佛是指內在的佛性

這裡所說的佛
不是指外在形象的佛
而是，每個人
內在的佛性

佛性又叫覺性

我們所以
會在佛或覺之下加個性
是指它乃最後的本質

也就是說
佛性、覺性是我們
生命的本質

生命，除了
我們表面所知的五蘊現象
之外，還有本質

為什麼
生命本質要叫佛性、覺性呢？
因為，我們有
覺知，或者說知覺
六根接觸到外面的六境
內心就會知道

那個知道
就是覺知或知覺
這個功能
不是每個人都有嗎？
由作用推知到體性
所以說，每個人都有
佛性、覺性

你會說，覺知或知覺
是由因緣接觸才有

表面上看，是這樣沒錯
但這是凡夫迷的看法

只看到表面
沒有看到裡面

因、緣無性
沒有生命，不能作用
它能產生什麼？

古德才要人參究：
拖死屍者是誰？
人的身心只是個工具
沒有給它作用
它是不可能有因緣的

所以，覺知或知覺的

根本
就是覺性、佛性
生命的本質

生命如果沒有本質
只是五蘊現象
那是很奇怪的

沒有念頭時要怎樣用功？

沒有念頭的時候
要怎樣用功？
正好放下

不用擔心身體會怎樣
不用擔心自己會不會消失
般若心經說：
五蘊皆空

本來是空的

還希望它有嗎？
當空的真正空了
妙有才有出現；
唯有不怕死
才會不死

其實
很舒服的

也就是任運了
當你不抓著
沒有念頭的境
能所就會消泯

這時候
你，不是不知道
而是
全世界就只是
知道

成佛要怎樣用功？

沒有
沒有用功

用功是有為法
可以修到有為的成就
例如：
四禪、八定、五種神通
凡人看來很厲害
但，沒有
解脫煩惱，不明生命實相

必須無漏通才是成佛

無漏不是修來的
無漏是本自無漏，在
沒有造作之下
自然回到本來

一切存在都是圓滿的
凡是呈現的
都是，在它應該呈現的
時候，它才會出現

會覺得不圓滿
會覺得不該呈現

那是凡人妄心想思

沒有妄自分別
這個世界、我人身心
都是應該怎樣時
它才會出現怎樣
那，要修什麼？

諸法在它本位上
都是解脫的
只要心中不起
人我、是非、善惡
好壞的分別

法本法無法
要修什麼呢？

後語

古代有位很有名的禪師，還沒有開悟前，去親近一位也是當時很有名的禪師當師父，依止用功。

有一天用功中開悟了，心中煩惱一掃而空，妄念減少，看經典通達無礙，坐禪身心舒暢。他很高興，去報告師父。師父說：還沒有，要繼續用功。一直不肯定他，沒有印可他見性。

他開始不高興了，明明自己已開悟，師父就是不印可他。他便負氣告別師父、離開師父。

侍者問師父；您說他沒有開悟，為什麼讓他離開？師父說有一天他會回來。

離開師父後，他遊歷各道場，日子過得也自在，沒有煩惱。直到有一天，不知怎的，生起重病來，很痛苦，以前的功夫用不上了，他才想起師父並不印可他。

於是，他開始相信師父的話，深切懺悔，發願要是病好了，一定再回去親近師父，好好用功。

經過一段時間的調養，身體好了，他就回去師父那裡，向師父懺悔，並在指導下精進用功。經過一段時間用功，他又開悟了，這次的心境，和上回別有一番天地。

師父見到他，對他說：可喜可賀！終於見性了。

國家圖書館出版品預行編目資料

找一個不變的修行：改變命運，解脫煩惱／慧廣法師著. -- 初版. -- 新北市：華夏出版有限公司, 2023.12

面； 公分. --（慧廣法師作品集；04）

ISBN 978-626-7393-02-4（平裝）

1.CST：佛教修持

225.87 112017549

慧廣法師作品集 004

找一個不變的修行：改變命運，解脫煩惱

著 作	慧廣法師
出 版	華夏出版有限公司
	220 新北市板橋區縣民大道 3 段 93 巷 30 弄 25 號 1 樓
	電話：02-32343788 傳真：02-22234544
	E-mail：pftwsdom@ms7.hinet.net
印 刷	百通科技股份有限公司
	電話：02-86926066 傳真：02-86926016
總 經 銷	貿騰發賣股份有限公司
	新北市 235 中和區立德街 136 號 6 樓
	電話：02-82275988 傳真：02-82275989
	網址：www.namode.com
版 次	2023 年 12 月初版一刷
特 價	新臺幣 450 元（缺頁或破損的書，請寄回更換）

ISBN-13：978-626-7393-02-4

《找一個不變的修行》由慧廣法師授權華夏出版公司出版繁體字版

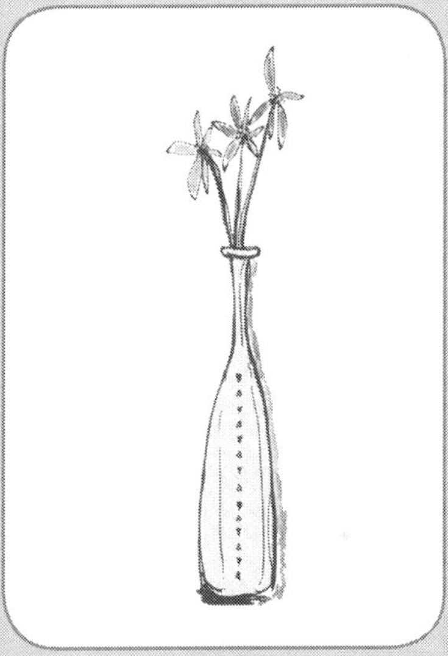

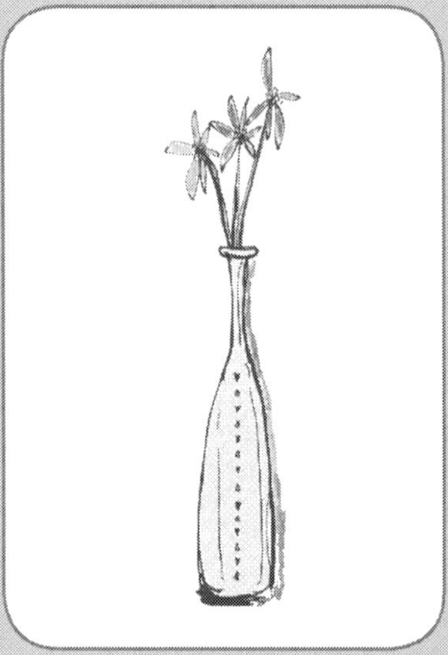